P
V

MACHT UND MORAL

WILLY BRANDT ZUM 75. GEBURTSTAG

Herausgegeben
von Johannes Gross

Propyläen

© 1989 Verlag Ullstein GmbH,
Frankfurt am Main · Berlin,
Propyläen Verlag
Satz: Satztechnik Utesch GmbH, Hamburg
Druck und Verarbeitung: Mohndruck, Gütersloh
ISBN 3 549 07218 X

Vorwort

Diese Dokumentation soll die Erinnerung an jene bei uns und bei unseren Nachbarn zu Recht als ganz außerordentliches Ereignis gewürdigte Geburtstagsfeier festhalten, bei der der Bundespräsident am 20. Januar 1989 zu Ehren des fünfundsiebzigjährigen Willy Brandt einen Kreis seiner Weggefährten versammelt hatte. Die hier nachzulesenden Texte – Tischreden und Pressestimmen des Festtages – ordnen sich wie selbstverständlich unter dem Zeichen »Macht und Moral«. Selbstverständlich zum einen, weil das Wort »Macht« ohne das Attribut »Moral« im heutigen Deutschland nicht zu denken ist, wie denn auch »Freiheit« nicht ohne »Frieden« postuliert werden soll. Selbstverständlich zum anderen, weil Willy Brandt wie kein zweiter Staatsmann der Bundesrepublik im Bewußtsein der Bevölkerung Macht als Realitätschance des Guten und des Richtigen auffaßte und handhabe.

»In Willy Brandt und seiner Botschaft erkannten sich alle Deutschen wieder«, sagt Präsident Mitterrand in seinem Beitrag. In der Tat – kein Bundeskanzler vor ihm und nach ihm hat einen solchen Grad der Zustimmung, ja der Liebe seiner Landsleute gefunden. Das Faszinosum war das der Person, doch auch dessen, was Mitterrand die »Botschaft« nannte – eine Politik, die rankünefrei konzipiert war und die in einem visionären Zuschnitt Herrschaft mit gutem Gewissen aus-

5

üben und ertragen lassen konnte, weil sie sich edle Zwecke setzte. »Mehr Demokratie wagen« war das Programm eines Machthabers, der die Macht minimalisieren und der Teilnahme aller am allgemeinen Geschick ein freies Feld geben wollte.

Brandt hat damit einen Bruch mit einer deutschen Tradition bewirkt, der ihm von den Deutschen gedankt worden ist. Seit den Tagen des zweiten Reiches, als man in Deutschland die Weltpolitik neu entdeckt hatte, sollte alle Verbindung idealer Gehalte mit Machtinteressen sich als Schwindel dekuvrieren. Als die Wiederherstellung deutscher Weltmacht Ziel der Politik war, formulierte Max Weber den Begriff »Ehre der Macht« und die Abhängigkeit des Kulturprestiges vom Machtprestige. Machtstaat zu sein wurde uns historische Pflicht.

Die notwendige Verbindung von Macht und Moral, von der Richard von Weizsäcker in seiner Würdigung handelt, ist dem Grundgesetz für die Bundesrepublik Deutschland vorgegeben. Doch ist die Verbindung in der politischen Praxis höchst unterschiedlich wahrgenommen worden. Beim ersten Kanzler, Konrad Adenauer – und nur mit dessen Rang mag in der Rückschau Willy Brandt verglichen werden –, war die Wahrnehmung des seiner Politik innewohnenden moralischen Gehalts getrübt durch das Vergnügen an der Schlauheit, mit der er sein Handwerk versah. Es war ihm, trotz der gelungenen Friedensstiftung im Inneren und der Rückführung in die westliche Völkerfamilie, nicht vergönnt, die Sehnsucht nach einer Machtausübung der Menschlichkeit und des Friedenswillens so zu erfüllen wie Willy Brandt.

Der gehört auch, ganz anders als Adenauer, zu den Staatsmännern, die die humanen und moralischen Motive ihrer Politik vor anderen auszusprechen sich nie versagt haben.

6

Zudem konnte Brandt, ein Meister der symbolischen Geste, eine Wandlung der deutschen Politik allen Augen sinnfällig machen; das lag dem großen Vorgänger nicht.

Brandt war nicht zufällig der Kanzler von 1969: Aus eigener Überzeugung hatte er es sich zur Aufgabe gemacht, die Aspirationen und Hoffnungen der von Zukunft bewegten deutschen und europäischen Jugend aufzunehmen und in politische, das heißt lebbare Bahnen zu lenken. Die Zukunft, die er möglich machte, ist die unsre noch immer, und von den Hoffnungen, die er in Wirklichkeit überführte, sind die Geschichtsbücher voll.

Von all dem zeugen die Ansprachen der Freunde Mitterrand, Rakowski, Kreisky und die des Bundespräsidenten. Richard von Weizsäcker nennt Brandt einen eigenwilligen und nachdenklichen Einzelgänger. Daß eben diesem Einzelgänger, zuweilen wirklich ein »Fremdling unter den Mächtigen«, ein Einverständnis zwischen sich und seinem Volk gelang wie bisher keinem, dem die Deutschen sich anvertrauten, hat nicht zuletzt in einer großen Gabe einen Grund, die bei uns nur als Mangel bei vielen anderen deutlich empfunden wird – die Kunst der politischen Rede. Der Verfall der politischen Rhetorik wird als Krisenzeichen für die Verfassung der modernen Demokratie gern erwähnt; Willy Brandt ist in der Geschichte der Bundesrepublik das Exempel für den Zauber, den die große Rede über die Herzen der Menschen haben kann. Der Ton dieser Stimme, der ganz einem Charakter angehörige Umgang mit dem geliebten Deutsch: Das vergißt sich nicht.

JOHANNES GROSS

Willy Brandt, Richard von Weizsäcker

Ansprache des Bundespräsidenten

Richard von Weizsäcker

I

Unser heutiges Beisammensein ist ein ganz außergewöhnliches Ereignis für dieses Haus. Aus Ost und West und Nord und Süd haben sich Persönlichkeiten eingefunden, die höchste politische Verantwortung tragen. Sie sind hier, um gemeinsam mit uns Deutschen einen der Unsrigen, Willy Brandt, aus Anlaß seines fünfundsiebzigsten Geburtstages zu feiern.

Zuallererst heiße ich im Namen meiner Landsleute unsere ausländischen Gäste herzlich willkommen, die Staatsoberhäupter, die Regierungschefs und die anderen verantwortlichen Persönlichkeiten. Ich danke Ihnen, daß Sie die Einladung angenommen haben. Hierin schließe ich Jiri Hajek ein, der kommen wollte, aber nicht durfte. Sie haben zum Teil weite Wege zurückgelegt, um Ihren Glückwunsch und Respekt für Willy Brandt zu bezeugen.

Sie ehren damit ihn, und Sie ehren unser Land. Sie bekräftigen durch Ihre Teilnahme die außerordentliche Bedeutung, die auch für Ihre Völker mit dem Wesen und Wirken dieses Mannes verbunden ist. Sein illusionsfreier fester Friedenswille, sein Mut und seine Humanität haben ihn zu einer der großen Leitfiguren in der Welt nach dem Zweiten Weltkrieg gemacht.

Links und frei, so nannten Sie, lieber Herr Brandt, Ihr wohl persönlichstes Buch. Das ist ein aufrichtiges und glaubwürdiges Bekenntnis. Aber das hat Sie nie daran gehindert, offen zu sein für neue politische, soziale und geistige Bewegungen, allen ideologischen Abgrenzungen zu mißtrauen, die Menschen zusammenzuführen.

In diesem Sinne danke ich Ihnen für die hier versammelte Runde Ihrer und unserer Freunde. Es ist das ganz persönliche Verdienst Ihres Lebens und Wesens, das uns heute in diesem Kreis aus allen Himmelsrichtungen, politischen Systemen und Parteien vereint. Ihnen zu Ehren gedacht, ist dies ein großer Tag für uns.

Geburtstagspolitik hat einer diese Zusammenkunft genannt. Er mag es tun, wenn er es recht versteht: Wir wollen die Stimme von Willy Brandt ernst nehmen; deshalb fließen die Feier für sein Werk und verantwortliche Gedanken für die Zukunft ganz von selbst ineinander.

Es ist nicht mein Lebensweg, der mich besonders legitimierte, über den Ihrigen zu sprechen. Unter meinen Gästen sind viele alte Gefährten von Ihnen, die dazu ein besseres Recht hätten. Es ist aber die Sache meines Amtes und meines Herzens auszudrücken, warum Ihnen unser Volk Dank und hohe Achtung schuldet.

II

Ganz jung hatten Sie sich politisch engagiert. So mußten Sie bereits im Anfang der nationalsozialistischen Herrschaft aus Deutschland fliehen, um der Verfolgung zu entgehen.

Diesem harten Los stand die gute und inspirierende Atmosphäre der skandinavischen Demokratie gegenüber, die Sie aufnahm. Es ist immer wieder ein Gewinn, sich mit der drängenden Suche der Skandinavier nach einem freien, menschenwürdigen, gerechten, die Minderheiten schützenden Zusammenleben zu beschäftigen. Kritik, Ernüchterung und Rückschläge bleiben dabei nicht aus. Dennoch wird mit stets neuer Phantasie, mit Wagemut und Vernunft um Reformen gerungen, um einem wahrhaft solidarischen Gemeinwesen näher zu kommen. Was Ihnen vor Augen steht, ist keine abstrakte Geschichtskonstruktion, sondern ein humanes Bild vom Menschen.

Man glaubt zu spüren, wie stark solche skandinavischen Impulse bei Willy Brandt wirksam geblieben sind. Seine unvergessene erste Regierungserklärung als Bundeskanzler im Herbst 1969 zeugt davon.

Sie war getragen von einer beinahe jugendbewegten Aufbruchstimmung. Ihr Anspruch war gewaltig. Nicht weniger heftig war begreiflicherweise der Streit, den sie auslöste. Denn welche demokratische Opposition, die gerade zwanzig Regierungsjahre hinter sich hatte, ließe sich widerspruchslos bieten, daß es jetzt erst richtig losginge mit der Demokratie?

Aber geschadet hat es doch noch nie, darum zu ringen, wie wir »mehr Demokratie wagen« können. Es wurde eine belebende und fruchtbare Auseinandersetzung für die ganze Gesellschaft, und unser Gemeinwesen hat sich dabei durchaus bewährt.

III

Die Außenpolitik wurde der Schwerpunkt der Tätigkeit von Willy Brandt. Seine Erfahrung, seine Leidenschaft und sein Gewissen wiesen ihm diesen Weg. Hier hat er seine große Aufgabe gefunden und erfüllt. Hier ist sein Lebensweg zu einem historischen Leben geworden.

Als einer der wenigen, die nicht nur jugendliche Kraft und Integrität besaßen, sondern auch schon welterfahren und weltläufig waren, ging er alsbald nach dem Krieg in Berlin an die Arbeit. Es ist die Stadt, die durch alle Krisen hindurch und in die Zukunft hinein die Kraft der Freiheit mit dem Willen zum Frieden beispielhaft verknüpft. Ein Jahrzehnt war Willy Brandt ihr Bürgermeister.

In der Mitte seiner Amtszeit lag der Mauerbau. Damals reiften in ihm die ersten Konturen der Ostpolitik, die sich inzwischen untrennbar mit seinem Namen verbunden hat.

Es ging Ihnen um die Erkenntnis, daß uns Deutschen niemand die Verantwortung abnehmen kann, uns auch im Osten um unsere Interessen stärker selbst zu kümmern. Aus Ihrer Einsicht in die Realitäten forderten Sie, daß wir uns von Positionen befreien sollen, die Sie als Fesseln empfanden. Der Streit darüber war im ganzen Volk leidenschaftlich und schmerzhaft. Er mußte es sein, alles andere wäre im Angesicht der tiefen menschlichen und geschichtlichen Wurzeln der Sache nicht ehrlich gewesen.

Am Ende war die Auseinandersetzung dem ernsten Gegenstande würdig und heilsam. Der Aussöhnung mit dem Westen, die Konrad Adenauer zustande gebracht hatte, stellten Sie die Verständigung mit dem Osten an die Seite.

Das Neue war keine Ablösung des Alten. Ganz im Gegenteil: Es war die feste Verankerung im Westen, die Ihnen die Möglichkeit zur neuen Ostpolitik gab und die Sie nutzten. Aus den beiden Teilen ist ein zusammengehörendes Ganzes geworden, das seither nicht mehr ernsthaft umstritten ist – ein kostbares Allgemeingut. Es hat das Gewicht unseres Landes gestärkt und sein Ansehen erhöht. Im unheilvollen Zustand der Teilung hat es den Menschen in Ost und West gedient.

Vor allem die Landsleute im anderen deutschen Staat haben es Ihnen gedankt. Der KSZE-Prozeß baut darauf auf. Er bestimmt unsere heutige Tagesordnung auf dem mühsamen, aber doch nicht mehr ganz unsichtbaren Weg zu einer europäischen Friedensordnung.

Es waren indessen nicht die beharrliche politische Arbeit und die Verträge allein, die Ihren Namen um die Welt gehen ließen. Ihnen wuchs eine persönliche Autorität zu, weil hinter der harten Politik das menschliche Empfinden spürbar war. Es ist Ihnen nie um Schuld oder Unschuld eines ganzen Volkes gegangen. Schuld ist, wie Unschuld, nicht kollektiv, sondern persönlich. Aber das Ausmaß von Leid und Schuld hatte alles, was Menschen begreifen können, hinter sich gelassen. Übriggeblieben war ein Verstummen, aber auch eine unermeßliche Verantwortung der später Aktiven für die Folgen.

In ganz persönlicher Weise nahmen Sie sie auf sich. Wie Sie als unser Kanzler am Eingang zum Warschauer Ghetto Abbitte taten, das war wie das Zeichen eines Fremdlings unter den Mächtigen. Ein tiefes Menschengefühl wurde zum Ausdruck eines Regierenden. Niemand hatte es erwartet. Keiner hat es vergessen. Es hat die Dinge verändert. Es hat den Völkern einen neuen Weg geöffnet.

IV

Macht ist Ihnen zugewachsen, freilich nicht auf die übliche funktionale Weise, sondern eher als einem eigenwilligen und nachdenklichen Einzelgänger.

An absolute Wahrheiten haben Sie nie geglaubt, wohl aber an die Chance für Andersdenkende und an die produktive Kraft des Zweifels. »Er ist stark genug«, so sagten Sie, »versteinertes Unrecht aufzubrechen. Er ist zäh genug, um Niederlagen zu überdauern und Sieger zu ernüchtern.«

Aber Regieren verlangt doch Entscheidungen. Sind dafür nicht einfache Weltbilder vonnöten? Sind abwägende Zweifel und differenziertes Denken nicht Zeichen der Schwäche? Und wird nicht die Öffentlichkeit durch die Vorherrschaft der Schlagzeilen und der Dreißig-Sekunden-Statements am Fernsehen dazu erzogen, so zu denken?

Es ist wahr, daß die Menschen unter solchen Einflüssen stehen. Aber auf die Dauer erkennen sie dank ihrer eigenen Lebenserfahrung die Komplexität der Wirklichkeit. Sie lernen, den extemporierten Patentrezepten und Schwarz-Weiß-Malern zu mißtrauen, den Kraftproben derer, die immer alles schon im Griff haben, der Machtdemonstration der Selbstsicherheit.

Willy Brandt wußte sehr wohl, daß gehandelt werden muß. In seiner Ostpolitik hat er es vom ersten Tage seiner Kanzlerschaft an getan. Aber glatte Fassaden hat er nie vorgetäuscht. Er sprach keine sogenannten Machtworte und spielte nicht den Entscheidungshelden. Nicht selten zögerte er, bevor er zupackte. Und wenn er sich seiner Sache nicht sicher war, was durchaus vorkam, dann verbarg er es nicht. Das ist keine Schwäche, sondern gewissenhafte und aufgeklärte Verantwortung.

Es ist die Bereitschaft, neue Einsichten zu gewinnen, Irrtümer einzusehen und dafür einzustehen, daß wir nur allzuoft keine Lösung wissen. Wie sollte es auch anders sein im Angesicht von tief verwurzelten Feindschaften, von Hunger und Not in der Welt, von der schwer beschädigten Natur und von Entwicklungen der Wissenschaft und Technik, die der Mensch initiiert hat und die sich nun zu verselbständigen drohen?

Willy Brandt, Richard von Weizsäcker, Brigitte Brandt,
Marianne von Weizsäcker

Was belastet einen nachdenklichen Politiker mehr als die tägliche Frage, wie man gegenüber solchen Fragen seiner Verantwortung gerecht werden kann?

Willy Brandt hat es stets so empfunden; die Menschen haben es ihm angespürt und ihm deshalb geglaubt, vor allem die Jugend. Sie tun es um so mehr, als er sich nie durch Probleme hat entmutigen lassen, sondern sie als Ansporn für seine Visionen von mehr Humanität und Frieden und als Motor für die Veränderungen im Alltag verstanden hat. So hat er es als Außenminister und Kanzler, als Vorsitzender seiner Partei, der Sozialistischen Internationale und der Nord-Süd-Kommission gehalten.

Er empfindet Mitleidenschaft und bringt sie uns nahe. Ganz persönlich stand er vielen Menschen in schweren Stunden zur Seite. Vielen, die unter Zwang lebten, verhalf er ohne laute Proklamationen zu Freiheit, Recht und neuen, gerechteren Lebenschancen. Mehr als einer der heute hier anwesenden Gäste hat es am eigenen Leibe erfahren und ist ihm dafür dankbar.

V

Ihre Lebensgeschichte, Herr Brandt, ist ein deutsches Schicksal dieses Jahrhunderts, in seinen Kriegen und im Frieden, zu Hause und in der Fremde, unter Zwang und in der Freiheit. Zugleich ist es Ihr ganz eigenes Schicksal, ein Leben voller Risiken der Existenz, geprägt von gutem Gelingen, harten Rückschlägen und neuen Ufern. Sie waren schmähenden Angriffen ausgesetzt, und eine Elefantenhaut haben Sie nicht. Aber Sie haben eher leise reagiert, im Herzen souverän.

Voller Neugier sind Sie lebenslang unterwegs, zum geistigen Wandel bereit. Den jungen kritischen Generationen sind Sie stets zugehörig – aktiv in Ihrer eigenen Jugend, später als ihr ihnen zugewandter, aber nun selbst nicht unkritischer Anwalt.

Ihnen ist in der Politik etwas ganz Seltenes gelungen: In Ihrer Person haben Sie die Spannung zwischen Macht und Moral aufgehoben. Es gibt keine politische Verantwortung ohne Macht. Moral ohne Macht löst die Probleme nicht. Sie wird zur Ideologie, sie verurteilt, anstatt zu helfen. Macht ohne Moral läuft sich tot, denn sie findet kein Vertrauen. Sie haben Vertrauen gefunden und genutzt.

Bei Ihnen ist das humane Wesen nie verborgen geblieben: von ernstem Willen geprägt und stets zum Lachen bereit; ein geselliger und zugleich gesammelter Zuhörer; geistig konzentriert, aber ohne die Selbstdisziplin zu übertreiben; voller Mitgefühl und Wärme, aber zur Härte fähig; allem Zweifel zum Trotz immer wieder zuversichtlich und kampfbereit; im vorgerückten Alter frisch und mit sich im reinen.

Wir haben Grund, uns als Deutsche zu freuen, Ihnen zu danken, Sie mit unseren ausländischen Gästen zu feiern und Ihnen zusammen mit Ihrer charakterstarken Frau eine glückliche und erfüllte Zeit zu wünschen.

Willy Brandt, François Mitterrand

Ansprache
des Präsidenten der Französischen Republik

FRANÇOIS MITTERRAND

Sehr verehrter Herr Bundespräsident,

ich danke Ihnen dafür, daß Sie die ausgezeichnete Idee hatten, um sich und um Willy Brandt alle die zu versammeln, die im Laufe seines Lebens das politische Geschehen in Deutschland und Europa geprägt haben, und dabei auch solche nicht vergessen haben, die von weit her kommen und denen wir öfter im Kreis der Sozialistischen Internationale begegnet sind.

Es war eine großartige Idee; nun ist sie Wirklichkeit geworden. Herr Bundespräsident, lassen Sie mich sagen, daß nur wenigen, die, wie Sie, Verantwortung tragen, ein solches Unternehmen gelingen konnte, denn die Leidenschaften in unseren demokratischen Staaten sind oft allzu heftig, der internationale Wettstreit allzu hart. Es zu ermöglichen, daß – an einem besonders würdigen und friedvollen Tag – ein Mann von Mut und Überzeugung, wie Willy Brandt es ist, von den hier Versammelten und noch vielen anderen in der Welt geehrt werden kann, dies – Herr Bundespräsident, ich wiederhole es – hat Symbolkraft. Ein solches Symbol bringt die internationale Realität, an deren Gestaltung wir arbeiten, ein großes Stück voran.

Ich möchte Ihnen dafür danken, wie es wohl jeder Ihrer Gäste an meiner Stelle täte.

Lieber Willy Brandt, wir kennen uns seit etlichen Jahren,

19

vielleicht seit zu vielen Jahren. Die Jahre vergehen, und nichts bringt sie uns zurück. Im Laufe dieser Jahre habe ich, wie auch bei anderen Begegnungen, eine Fülle von Eindrücken und Erinnerungen gesammelt, die mir sehr gegenwärtig sind. Was Ihre Rolle in der Weltpolitik angeht, so möchte ich zuerst daran erinnern, daß Sie eine für die Entwicklungspolitik wichtige Aktion eingeleitet und geführt haben, die Gestaltung des Verhältnisses zwischen dem Norden und dem Süden.

Es scheint mir aber auch notwendig, Ihre Bemühungen um eine Stärkung der damals noch schwachen Bande zwischen den Ländern der Gemeinschaft zu unterstreichen. Es waren sechs, und es war nicht einfach; nun sind es zwölf, und es ist noch weniger einfach geworden. Ich entsinne mich der Unterredungen, die wir hatten, bei denen Ihre Sorge die war: Wie kann man das Schicksal Europas dahin ändern, daß man der Gemeinschaft einen Inhalt, eine Substanz, eine von nun an unzerstörbare geschichtliche Wirklichkeit gibt?

Soviel zum ersten. Als zweites möchte ich die sogenannte Ostpolitik nennen, das heißt den Blick auf das andere Europa von dem Europa aus, in dem wir leben, ohne es jemals aus den Augen zu verlieren. Diese doppelte Ausrichtung ist mir immer als wechselseitige Ergänzung und nicht als Widerspruch erschienen. Mir scheint, daß dies vielleicht die größte Idee war, die uns von Ihnen, Willy Brandt, zukam. Sie werden sich gewiß erinnern, daß dies anfangs beinahe ein Sakrileg und unmöglich schien. Man könne nicht das eine tun, ohne das andere zu zerstören. Aber nein, dies war nicht wahr. Ich glaube sogar, daß Sie Ihrer Zeit voraus waren. Sie sprachen als Deutscher. Niemand konnte sich zu dieser Zeit genau vorstellen, was einige Jahre später sich in der Sowjetunion ereignen sollte. Sie haben die Geister darauf vorbereitet, Sie haben manche Zweifel, manche Kritiken hervorgerufen, Sie sind

Ehepaar Brandt, François Mitterrand

Willy Brandt, François Mitterrand

manchen Kämpfen ausgesetzt worden, aber Sie haben Europa eine neue Idee gebracht. Diese Idee wird das Ende dieses Jahrhunderts und den Beginn des nächsten bestimmen.

Eine große Idee zielt immer auf die Einheit. Die Einheit unseres Europa, ja des Europa, in dem wir uns befinden, haben wir angestrebt und streben wir weiter an – dies sage ich als Franzose einem Deutschen –, aber auch die Einheit ganz Europas. Herr Gorbatschow sprach zu mir wie zu manchen anderen von dem gemeinsamen Haus. Ich sagte ihm: »Wie recht Sie haben!« Aber in einem gemeinsamen Haus kann es nicht Mieter geben, die auf immer und ewig im Keller leben, während andere die Salons bewohnen, die voller Licht und Komfort sind. Dann muß dieses Haus auch möbliert werden; es braucht einen Inhalt. Sie, Willy Brandt, Sie haben dem Europa von morgen einen ersten Inhalt gegeben, diesem Europa, das nur werden wird, wenn es das Europa von heute nicht verneint und auch nicht verleugnet. Sie waren, kurzum, ich wiederhole es, diesem Jahrhundert voraus. Kann man dies von vielen politisch Verantwortlichen einer Generation sagen?

Ich komme zum Schluß. Ich hatte eines Tages Lust, das kleine Dorf zu besuchen, wo ich als Kriegsgefangener in Deutschland war. Ich rief also Willy Brandt an, der mir sagte: »Gut, ich begleite Sie.« So organisierten wir eine abenteuerliche Fahrt mit dem Auto, die in Thüringen in der Deutschen Demokratischen Republik begann und uns bis zur Nähe der Schweizer Grenze bei Schaffhausen führte. Als wir in dem Deutschland waren, das man Ostdeutschland nennt, stellte ich fest, daß die Deutschen mich unter den anderen Reisenden nicht erkannten, da ich aus Frankreich kam. Aber bei Willy Brandt war es unmöglich, die dortige Bevölkerung zurückzuhalten: Es bildeten sich Menschentrauben, sie kamen zuhauf, sie stritten sich, um ihm die Hand zu drücken. Ich habe mich damals eine Weile von diesem Schauspiel entfernt, um es besser betrachten zu können. In Willy Brandt und seiner Botschaft erkannten sich alle Deutschen wieder. Vermutlich war es sehr gut, daß keine der führenden Persönlichkeiten der Deutschen Demokratischen Republik da war, denn sie hätten es riskiert, neben Willy Brandt, sehr zu ihren Ungunsten, vom eigenen Volk ignoriert zu werden. Dies sind Erfahrungen, die man lieber nicht machen möchte. Und so sind wir etwa sechshundert Kilometer gereist, haben geplaudert, gesprochen, geträumt. Diese Erinnerung wird mir bleiben, denn ich selber, der ich seit mehr als vierzig Jahren politische Verantwortung trage, kann einige der wesentlichen Züge der Geschichte skizzieren, die ich erlebt habe, ebenso wie das Porträt einiger der Männer, die diesen Weg mit abgesteckt haben. Es gibt nicht viele unter ihnen, für die ich so viel Zuneigung und Wertschätzung empfinde wie für Willy Brandt.

Willy Brandt, François Mitterrand, Richard von Weizsäcker

Mieczyslaw Rakowski, Willy Brandt

Ansprache
des polnischen Ministerpräsidenten

Mieczyslaw F. Rakowski

Sehr geehrter Herr Bundespräsident, sehr geehrter Herr
Brandt, meine sehr verehrten Damen und Herren,
    der Herr Bundespräsident hat mir mit seiner Einladung zum
feierlichen Mittagessen zu Ehren von Herrn Willy Brandt eine
große Freude gemacht. In meinem Land wird Willy Brandt vor
allem dafür geschätzt, daß er das große Werk der Verständigung zwischen der Bundesrepublik Deutschland und den Völkern Ost- und Mitteleuropas in Gang gesetzt hat. Auch Polen
gehörte zu diesem Werk. Der im Dezember 1970 in Warschau
unterzeichnete Vertrag zwischen unseren beiden Staaten
bahnte den Weg zur Versöhnung zwischen den beiden Völkern. Damals hat Willy Brandt die unvergeßlichen Worte
gesagt: »Der Vertrag von Warschau soll einen Schlußstrich
setzen unter Leiden und Opfer einer bösen Vergangenheit. Er
soll eine Brücke schlagen zwischen den beiden Staaten und
zwischen beiden Völkern.« Ich glaube, daß im Jahr 1989, in
dem sich der Ausbruch des Zweiten Weltkrieges zum fünfzig-
sten Mal jährt, der mit den Schüssen auf der Westerplatte
begonnen hat, diese Versöhnungsidee ihren optimistischen
Höhepunkt erfahren wird. Diese Aufgabe ist nicht so schwer,
als daß sie nicht machbar wäre. Ich denke an die Worte Willy
Brandts: »Wenn es einem an Optimismus fehlt, sollte er keine
Politik betreiben.« Was mich betrifft, so bin ich Optimist.

Und zum Schluß erlauben Sie bitte ein persönliches Bekenntnis: Ein Vierteljahrhundert lang hat die Bundesrepublik auf meinen journalistischen Wegen immer den ersten Platz gehabt. Hier habe ich Freundschaften geschlossen, die Jahrzehnte überdauert haben. Hier habe ich auch Willy Brandt kennengelernt, der für diesen polnischen Journalisten immer Zeit und ein freundliches Wort fand. Von Jahr zu Jahr wuchs meine Achtung für ihn. Ich hoffe, daß es nicht als Eigenlob betrachtet wird, wenn ich auf einen Kommentar zurückgreife, den ich geschrieben habe, als ihm der Friedens-Nobelpreis verliehen wurde. Ich habe damals geschrieben, daß Willy Brandt die Bedeutung des moralischen Faktors in der Politik zu schätzen weiß. Ich bleibe bei dieser Meinung und wünsche Ihnen, sehr verehrter Herr Brandt, gute Gesundheit und noch viele, viele Jahre Erfolg durch schöpferische Arbeit.

Mieczyslaw Rakowski, Ehepaar von Weizsäcker

Ehepaar Brandt, Bruno Kreisky

Ansprache
des österreichischen Bundeskanzlers a. D.

Dr. Bruno Kreisky

Ich bin Ihnen, Herr Bundespräsident, zu großem Dank verpflichtet, daß Sie mich vor einigen Wochen über Ihren Botschafter in Wien, Graf Brühl, eingeladen haben, hier beim Geburtstag Willy Brandts ein paar Worte zu sprechen. Ich habe diese Einladung mit großer Freude, und ich möchte sagen, mit großer innerer Bewegung angenommen. Ich weiß, daß bei solchen Gelegenheiten zu reden, es ein besonderes Gebot der Kürze gibt, und ich möchte daher nur ein paar Erinnerungen über Willy Brandt in seiner Jugend, die, wie ich gerne sagen möchte, zu einem Teil unsere gemeinsame war, hier wiedergeben.

Es war mitten im Krieg, und es war eine böse Zeit, und die Zweifel, ob es gelingen würde, Hitler zu besiegen, sind groß geworden in Europa und sogar in weiten Teilen der Welt. Nur die Standhaftesten, Resistentesten haben nach wie vor an den Sieg unserer Sache geglaubt. Viele waren es nicht mehr. Willy Brandt war von Anbeginn an unter ihnen und hat die sogenannte Kleine Stockholmer Internationale mitbegründet. Und es war eine große moralische Tat, daß in dieser Gruppe von Menschen auch diejenigen versammelt waren, die zu sogenannten Todfeinden im Sinne des Kriegsgeschehens gehörten. Sie waren alle Exponenten der gequälten und geplagten Völker, unter ihnen Tschechen, Deutsche, Österreicher,

Polen, Franzosen, Engländer und so manche andere. Und wir glaubten dennoch an den Sieg, fast möchte ich sagen, unerschütterlich. Das war sehr schwer damals. Ich möchte betonen, daß der Architekt dieser »Kleinen Stockholmer Internationale« Willy Brandt gewesen ist. Er war unermüdlich. Er hat uns immer neue Dokumente geliefert, immer neue Entwürfe ergänzt, und er hat neue Ideen voll von Versöhnlichkeit vertreten. Willy Brandt hat nie aufgehört, und das möchte ich gerne heute sagen, weil mich die Worte des Herrn Bundespräsidenten daran erinnert haben, vom anderen Deutschland zu reden, von dem damals wenig zu bemerken war. Er hat den Mut gehabt, immer davon zu sprechen, es niemals zu vergessen und auch uns nicht vergessen zu lassen. Allmählich wurde es anders in der Welt. Wir haben wieder Hoffnung geschöpft, und wir konnten jedes Jahr ein kluges Buch von Willy Brandt erwarten, das in schwedischer Sprache erschienen ist und für uns ein Wegweiser durch die Zeit war – vor allem für die Zeit, die kommen sollte. Vielleicht ist vieles von dem nicht so gekommen. Aber eines ist unbestritten: Einer, der den Frieden vorausgesehen und vorausgeahnt hat, war Willy Brandt. Und es wurde ihm auch ganz zu Recht vor einigen Jahren nicht nur der Nobelpreis übergeben, sein Werk wurde auch gekrönt mit der Wahl zum Präsidenten der Sozialistischen Internationale. Es war das für uns eine große Befriedigung, daß ein Deutscher, vor dem die Welt sich nicht fürchtete und nicht fürchten mußte, zu dieser Aufgabe berufen wurde. Auch in dieser Eigenschaft hat er sich einen weltweiten Namen gemacht. Wir alle sind ihm unendlich dankbar, daß er der Einrichtung der Sozialistischen Internationale ein Ansehen verliehen hat wie noch nie, obwohl sie schon lange existierte. Dafür gehört ihm unser aller Dank.

Zum Schluß möchte ich noch eines sagen: daß wir, die wir

François Mitterrand, Peter Glotz, Bruno Kreisky, Johannes Rau

das Glück hatten, mit ihm viel beisammen zu sein, und mit ihm viel gemeinsam nachdenken konnten, daß wir der Meinung sind und darin bestätigt wurden, daß wir ihm, wenn ich so sagen darf, den Kategorischen Imperativ der Sozialdemokratie verdanken. Es war für uns alle trotz gewisser Enttäuschungen doch etwas Großes und Wichtiges, das in diesen Jahren geschehen ist, in denen die Sozialistische Internationale neue Wege der Verwirklichung gegangen ist. Und das Allerwichtigste scheint mir zu sein, daß, als mich vor drei Tagen ein französischer Fernsehjournalist interviewt und mich gefragt hat: »Was ist das Bleibende an dieser Zeit?«, ich sagen konnte: »Es ist die Erkenntnis, daß nur die unblutigen Revolutionen große Erfolge gebracht haben. In den Augenblicken, in denen, wie es schien, neue Ideen sich nur mit blutigen Waffen durchsetzen konnten, gelang es zu beweisen, daß sie aufgehört haben, ihren großen Zielen zu dienen, und damit begannen, sie zu verraten.«

So danken wir Willy Brandt für vieles, vor allem aber, daß er uns neue Wege der Verwirklichung unserer Ideen gezeigt hat. Herr Bundespräsident, ich danke Ihnen dafür, daß Sie mir Gelegenheit gegeben haben, das heute hier zu sagen.

Dankesrede

von Willy Brandt

Herr Bundespräsident, gnädige Frau! Meine Frau und ich haben uns über diese Einladung sehr gefreut. Und das, was Sie, Herr Bundespräsident, über mich gesagt haben, ist mir nahegegangen, es hat mir auch gutgetan. Wenn man kritische Bemerkungen machen dürfte über das, was das Staatsoberhaupt sagt, dann würde ich sagen wollen: Falls ich nicht noch große Dummheiten mache, was man ja nie ausschließen kann, haben Sie für die Nekrologe gute Vorarbeit getan.

Zu den Preisen, die man zu bezahlen hat, wenn man älter wird und, vor allen Dingen, wenn man so früh angefangen hat wie ich, gehört, daß man sich zunehmend den Übriggebliebenen zuzurechnen hat; das ist nun mal so. Zu den Privilegien gehört, daß man vieles nicht mehr so wichtig zu nehmen braucht, wie andere es nehmen.

Ich weiß es sehr zu schätzen, daß der Bundeskanzler und sein Stellvertreter und der Altbundespräsident Walter Scheel unter uns und an diesen Tischen sind, mit ihnen Weggefährten und Schicksalsgenossen aus früheren und späteren Jahrzehnten.

Bruno Kreisky, dem bis in diese Wochen viel Leid aufgebürdet wurde, hat an die Zeit des gemeinsamen Exils erinnert. Durch das, was er eben sagte, hat er deutlich gemacht, was der Dienst an einer fünfzigjährigen Freundschaft bedeuten kann.

35

Ministerpräsident Rakowski hat uns die Freude gemacht, nicht nur hierherzukommen, sondern auch das Wort an uns zu richten. Ich möchte Ihnen sagen: Es ist gut zu wissen, daß Mut und geistige Kraft in denen lebendig sind, die es auf sich genommen haben, das Werk des Ausgleichs, der Zusammenarbeit und der Erneuerung ein gutes Stück voranzubringen. Hier sind Menschen versammelt, die Ihnen Gutes wünschen.

Ich denke, alle erkennen mit mir die Auszeichnung, die darin liegt, daß François Mitterrand unter uns ist. Ich brauche kaum zu sagen, Herr Präsident und lieber Freund, wie sehr mich das berührt hat, was Sie sagten. Ihnen ist bekannt, wie sehr ich mich Frankreich verbunden fühle. Und ich hoffe, daß niemand diese Liebeserklärung *à la française* falsch versteht. Ich bin wirklich zufrieden damit, daß sich unsere beiden Länder im Dienst an Europa miteinander verbinden.

Ich grüße Mario Soares, den Präsidenten Portugals. Ich habe nicht vergessen, lieber Freund, daß du im Mai '74 mein letzter ausländischer Gast warst, bevor ich das Kanzleramt verließ und du aus dem Exil nach Lissabon zurückkehren konntest. Miteinander können wir stolz sein auf den Bodengewinn, den die Demokratie seitdem errungen hat – auf der Iberischen Halbinsel und im Süden Europas überhaupt.

Carlos Andres Perez ist noch nicht wieder in aller Form Präsident seines Staates, aber gewählt ist er. Und übernächste Woche werde ich in Caracas dabeisein dürfen, wenn er in sein Amt eingeführt wird. Dort wird man viele Freunde aus allen Teilen eurer Hemisphäre sehen. Lieber Carlos Andres, im Namen aller europäischen Freunde möchte ich dir noch einmal unsere von Herzen kommenden Wünsche sagen. Deine zweite Amtszeit als Präsident von Venezuela wird für den lateinamerikanischen Kontinent die Chance einer neuen Führung bedeuten können.

Im übrigen liegt es natürlich nicht nur an der Geographie, daß die meisten von uns hier sich verbunden fühlen in ihrer Verantwortung für Europa. Ich freue mich sehr, daß Jacques Delors, der Präsident der Kommission, aus Brüssel gekommen ist, mit ihm mein guter flämischer Freund Karel van Miert, der neu der Kommission angehört. Sie haben viel vor sich, und viele von uns mit ihnen.

Es ist mir eine Freude, daß der österreichische Bundeskanzler und ebenso liebe Gäste aus den nordischen Ländern gekommen sind: Gro, Ingvar und Kalevi, ihr wißt, wieviel Skandinavien und der Norden für mich bedeutet haben und immer bedeuten werden. Habt herzlichen Dank.

Um einem Irrtum vorzubeugen: Es ist nicht so, als ob der Herr Bundespräsident das Präsidium der Sozialistischen Internationale hierher eingeladen hätte! Das wäre auch nicht beschlußfähig. Die Tendenz zum Inflationären hat sich auch dort so entwickelt, daß hier nur ein Drittel der Mitglieder anwesend sind. Und die sind gewohnt, über Parteigrenzen hinaus Gesamtverantwortung zu tragen.

Wir haben hier, verehrte Anwesende, auch in härterem Wetter gesagt, in Berlin und hier, daß Europa nicht an der Elbe endet, auch nicht an der Oder. Wir treffen uns zunehmend im Ringen um gesamteuropäische Verantwortung für eine solide Friedensordnung, für ein wohnliches europäisches Haus; und einiges, was dahin führen kann, haben wir hinter uns gebracht. Unser polnischer Gast wird hoffentlich erfahren, daß das Jahr '89 mehr bedeuten kann als ein kleiner Schritt, um Zusammenarbeit frei zu machen von unnötiger Belastung. Dies geht auch unseren Gast aus Moskau in hohem Maße an.

Valentin Falin, der Leningrader mit seinem profunden Verständnis vom Verhältnis zwischen russischer und übriger europäischer Kultur, mag bedauern, daß ich seiner Sprache im-

Mario Soares, Ehepaar Brandt

Shimon Peres, Willy Brandt

mer noch nicht näher gekommen bin. Aber sonst hat sich doch einiges getan, seit wir einander vor zwanzig Jahren in New York begegneten. Wir haben dann ja nicht nur während der Vertragspolitik miteinander zu tun gehabt, sondern auch vor mehr als einem Jahrzehnt über jene Fragen gesprochen, die zunehmend als systemübergreifend erkannt werden. Bitte, sagen Sie Ihrem Chef, wenn Sie nach Hause kommen: Mich hat bewegt, was er mir zum 18. Dezember geschrieben hat, und ich würde gerne noch ein bißchen mithelfen, um die europäischen und internationalen Dinge voranzubringen.

Ja, wenn ich noch etwas hinzufügen darf: Die meisten wissen, mir ist es zuwider, wenn das Thema Menschenrechte in Falschgeld umgemünzt wird. Aber daß die Orientierung an den Menschenrechten einen Kompaß bedeutet hat in meinem Leben und weiter bedeuten soll, daran wird wohl auch keiner zweifeln wollen. Shimon Peres, denke ich, erinnert uns durch seine bloße Anwesenheit nicht nur an jenes, was wir nie vergessen dürfen und wollen, sondern auch daran, daß der Nahe Osten den Frieden braucht, daß Israel und seine Nachbarn den Frieden brauchen und Europa, wenn es denn kann, dabei helfen sollte. Alan Boesak, der aus Johannesburg gekommen ist, auch ein ziemlicher Abstand, mahnt uns, daß wir hier alle Mitverantwortung dafür tragen, daß Apartheid und andere Formen von Rassenwahn überwunden werden. Dank dafür, Alan, daß Sie gekommen sind. Einem guten griechischen Freund, Vassos Mathiopoulos, bin ich besonders nahegekommen, als es galt, ihn aus den Klauen der Gewaltherrschaft herauszuholen. Ich war damals Außenminister und möchte, daß niemand von uns, wenn er ein hohes Amt ausübt, das Schicksal einzelner, in Bedrängnis geratener Mitmenschen aus dem Blick verliert.

Der Bundespräsident hat schon gesagt, daß Jiri Hajek, der

Willy Brandt, Carlos Andres Perez

Außenminister von '68, aus Prag leider nicht hat kommen dürfen. Ich habe übrigens auch einen guten Brief von Alexander Dubcek bekommen. Mein Kontakt mit Herrn Hajek hat mit Dingen zu tun, die ihm auch seine heutige Obrigkeit nicht übelnehmen kann. Er und ich waren durch den Widerstand gegen die Nazis miteinander verbunden. Er als tschechischer Sozialist hat den deutschen Anti-Nazis geholfen. Und während des Krieges saß er in Fuhlsbüttel im Zuchthaus mit einem meiner besten norwegischen Freunde. Der erzählte so viel, daß Hájek mehr über mich wußte als die meisten, und der Mithäftling hatte ihn außerdem noch in die norwegische Sprache eingeführt. Das war Europa in den Jahren, die wir Gott sei Dank hinter uns gelassen haben. Manchmal denke ich: Hätten wir nur noch mehr daraus gelernt!

Bleibt Nord-Süd, jener Themenbereich, dem ich im letzten Jahrzehnt mehr Aufmerksamkeit habe widmen können. Es wäre unwahrhaftig, wollte ich nicht einräumen, daß ich dabei die eigenen Interessen unserer Art von Ländern mit im Auge gehabt habe. Vor allem hat mich das Verhältnis zu den benachteiligten Ländern und den hungernden Völkern beschäftigt als die andere Dimension von Friedenssicherung, zugleich als die weltweite soziale Frage im Übergang zu einem neuen Jahrhundert und als unausweichliche moralische Herausforderung. Über die Zusammenarbeit in der von mir geleiteten Kommission hinaus verbindet mich viel mit Sir Shridat Ramphal, Generalsekretär des Commonwealth, der aus London herübergekommen ist – ein besonders eloquenter Sprecher der sogenannten Dritten Welt. Lieber Sonny: Ich bin stolz auf unsere Kameradschaft; deine Vision und Hingabe haben tief beeindruckt. Dies gilt ebenfalls für einen guten arabischen Freund, unseren Kollegen Layachi Yaker aus der Führung des unabhängigen Algerien.

Die Landsleute werden verstehen, daß ich mich jetzt kürzer fasse. Aber es ist schön, an diesen Tischen wichtige Stationen meines politischen Lebenswegs wiederzuerkennen.

Da ist ein Lübecker Junge. Und der ist jetzt auch noch Ministerpräsident des nördlichsten Bundeslandes.

Aus Berlin ist Bischof Scharf da. Mit manchem, was er gesprochen und geschrieben hat, konnte er mir mehr helfen, als ihm bewußt gewesen sein mag.

Shepard Stone, »der Amerikaner aus Berlin«, hat dort schon vor Hitler studiert. Er hat uns nach dem Krieg und bis in die letzten Jahre sehr geholfen.

Wenn nicht heute die große Amtseinführung in Washington stattfände, wäre auch sonst noch jemand, demgegenüber ich die Dankbarkeit aussprechen könnte, die ich amerikanischen Freunden gegenüber empfinde. Ich will bei dieser Gelegenheit nicht zu sagen versäumen, wie sehr ich dem neuen Präsidenten der Vereinigten Staaten, George Bush, eine glückliche Hand wünsche bei dem, was die Amerikaner, uns Europäer und die anderen miteinander angeht.

Ich hätte natürlich bei Berlin schon gleich Egon Bahr nennen sollen, aber der müßte dann bei allen anderen Stationen wieder auftauchen. Alle Freunde sind gleich, aber einige Freunde sind gleicher als andere.

Es ist gut, daß Kollegen aus der Regierung der Großen Koalition haben kommen können: Hans Katzer, Georg Leber. Aus Gesundheitsgründen hat Hermann Höcherl leider absagen müssen. Ernst Breit vertritt eine andere Art von wichtiger, breiter Koalition.

Rainer Barzel war während der Großen Koalition einer der beiden Fraktionsvorsitzenden, die aufpaßten, daß die Zusammenarbeit ein jedenfalls partieller Erfolg wurde. Dann wurde er mein streitbares, auf seine Weise dem Ganzen verpflichte-

Walter Scheel, Willy Brandt

Björn Engholm, Walter Scheel, Willy Brandt, Oskar Lafontaine

tes Gegenüber in den Jahren '69 bis '74. Ich denke, Helmut Schmidt hatte recht mit dem, was er mir zum 18. Dezember geschrieben hat: Erstmals seit '69 sei die Probe auf die volle Funktiontüchtigkeit der zweiten deutschen Demokratie gemacht und bestanden worden. Er meint nämlich die Fähigkeit zur friedlichen Ablösung, was ja heißt, friktionslose Ablösung. Und es heißt ja friedlich nicht nur im Sinne von gewaltlos.

Was ich eben zu sagen versuche – und die Dankbarkeit, die darin liegen soll –, gilt natürlich den Kollegen aus den Jahren der sozial-liberalen Koalition. Da sind ja einige mehr da. Für einige gilt es dann für längere Zeiträume als für andere. Und *last but not least* gilt mein Dank den Kollegen aus der Führung der Partei, mit der ich bekanntlich über einige Jahre hinweg etwas zu tun gehabt habe.

Lassen Sie mich noch eine Bemerkung machen, die über Parteigrenzen hinausreicht. Und wenn ich keine andere Legitimation hätte, würde ich die als Alterspräsident des Deutschen Bundestages in Anspruch nehmen. Auf diese Eigenschaft hat mich übrigens gestern der Bundeskanzler bei einem guten Glas Wein angesprochen. Wir haben seit '49 nicht nur viel gestritten. Wir haben – alles in allem – einiges geleistet für die Bundesrepublik Deutschland. Wir haben eine ganze Menge zustande gebracht, und das sollten wir auch mal festhalten. Ich möchte wünschen, daß die uns Nachfolgenden bei allem notwendigen Ringen der Meinungen auch immer wieder die Kraft aufbringen zur gemeinsamen Verantwortung, wo es auf diese ankommt. Und daß sie ihr Menschsein weder in den Geschäftsabläufen noch unter den Aktenbergen ersticken lassen.

Herr Bundespräsident, wenn ich ein Glas hätte, aber ich werde mir gleich eines holen, möchte ich gern auf Ihr Wohl trinken und auf das Wohl Ihrer Gäste.

46

Schwierige Botschaft
an einem deutschen Geburtstag

Wie Richard von Weizsäcker Willy Brandt zu ehren
und dabei Vergangenheit und Zukunft zu versöhnen sucht

Von Martin E. Süskind

Bonn, 22. Januar   Von hier ganz oben, aus der luftig gelegenen
Glasveranda der nordrhein-westfälischen Landesvertretung,
hat man in Bonn vielleicht den schönsten Blick aufs Kanzleramt – zumal im Winter, wenn das Laub der Bäume nicht stört.
Als Johannes Rau, der Hausherr, seinen Gästen die Szene
beschreibt, blickt Mario Soares, Portugals Staatspräsident,
interessiert aus dem Fenster hinüber auf den Eingang der
Bonner Regierungszentrale. »Sie können sehen«, erläutert
Rau, »wie der polnische Ministerpräsident gerade beim Bundeskanzler vorfährt – und manche sitzen hier, die daran mit-
gewirkt haben.«

Vieles, was sich in Bonn an diesem Wochenende ereignet,
ist aufgeladen mit symbolträchtiger Erinnerung. Während
drüben bei Helmut Kohl Mieczyslaw Rakowski die ersten
Seiten eines – wie es später heißen wird – neuen Kapitels in
den deutsch-polnischen Beziehungen aufschlägt, sitzen hier
einige derjenigen, während deren politischer Verantwortung
vor bald zwanzig Jahren der Grundstein für diese Beziehungen
gelegt worden ist. Willy Brandt, Walter Scheel, Rainer Barzel –
am runden Tisch bei Kaffee und Kuchen. François Mitterrand
kommt dazu, Franz Vranitzky, Österreichs Regierungschef;
kurz auch Valentin Falin – sie schauen hier herein, um ein

bißchen über alte Zeiten zu plaudern; gehen dann wieder, um Termine wahrzunehmen.

In der Bundeshauptstadt geht ein Tag zu Ende, der dereinst in einem doppelten Sinne als ein Datum des Übergangs verstanden werden könnte. Bundespräsident Richard von Weizsäcker hat einen deutschen Geburtstag zelebriert und zelebrieren lassen, der manchen seiner Landsleute, die auch heute noch das Bild des »vaterlandslosen Gesellen« Willy Brandt im versteinerten Herzen tragen, schwer zu schaffen macht. Ein Datum also, mit dem dieser provokative Präsident den Blick für deutsche Kriegs- und Nachkriegszeit wieder ein Stück geweitet hat und mit dem das politische Werk der Aussöhnung, das am 7. Dezember 1970 mit Brandts Kniefall am Warschauer Ghetto-Mahnmal begann, ein entscheidendes Stück vorwärtsgebracht worden ist.

Weizsäckers Idee, den fünfundsiebzigsten Geburtstag Willy Brandts hierfür zu nutzen, stammt aus dem vergangenen Sommer. Vorbereitung und Inszenierung haben viel Zeit gekostet, die Termine von acht Staats- und Regierungschefs mußten aufeinander abgestimmt werden. An seinem Geburtstag, dem 18. Dezember 1988, entzog Brandt sich allen Ehrungen. Und so geriet die Feier – zufällig und besonders passend – an den Beginn jenes Jahres, das für Deutsche und Deutschland besonders vergangenheitsschwanger ist. Die Bundesrepublik feiert ihr vierzigstes Gründungsjahr; Hitlers Geburtstag jährt sich zum hundertsten Mal; fünfundsiebzig Jahre sind seit Beginn des Ersten Weltkriegs verstrichen. Vor allem aber: Am 1. September vor fünfzig Jahren fielen deutsche Truppen in Polen ein – der Zweite Weltkrieg begann.

Fünfzig Gäste aus dem In- und Ausland, die Weizsäcker mit sorgfältig zurückhaltendem Stolz in seiner Villa Hammerschmidt versammelt hat, umfassen Brandts politisches Leben

48

Walter Scheel, Hans-Jochen Vogel, Valentin Falin

Mieczyslaw Rakowski, Oskar Lafontaine, Bruno Kreisky, Johannes Rau

– von Bruno Kreisky, dem schwerkranken Gefährten aus der Emigration, bis zu Oskar Lafontaine, der Brandtschen Zukunftshoffnung für die SPD. Ihnen trägt der Präsident bei Tisch eine Rede vor, die in dieser Eindringlichkeit und auch Zuspitzung von einem Repräsentanten des konservativ-bürgerlichen Lagers in Deutschland über einen Sozialdemokraten vordem nicht gehalten worden ist. Dabei ist Weizsäckers rhetorischer Vortrag eher leicht und unprätentiös, denn er möchte, so scheint es, das Außergewöhnliche des Textes nicht noch zusätzlich rednerisch unterstreichen.

Was dem Inhalt nach schwer von Bedeutung ist, das trägt der Bundespräsident in einer Weise vor, die es den Zuhörern erlaubt, in heiterer Stimmung darauf zu reagieren. Auch der Bundeskanzler, an einem Tisch mit Oppositionsführer Vogel plaziert, bleibt dabei in guter Fasson, verströmt den Eindruck dieser heiteren Gelassenheit, obwohl manche Bemerkung aus Weizsäckers Mund – etwa jene über Macht und Moral – durchaus doppelsinnig verstanden werden kann: als Erinnerung, aber auch als Mahnung in der Gegenwart. Indes: Der seinerzeit von der CDU besonders wütend kommentierte Satz aus Brandts erster Regierungserklärung, man werde mehr Demokratie zu wagen suchen, liegt weit zurück, bald zwanzig Jahre; und Helmut Kohls Reaktion, als Weizsäcker daran erinnert, drückt sich in einem breiten Lächeln aus. Kohl und Brandt haben am Vorabend weit über eine Stunde im Arbeitszimmer des Kanzlers zusammengesessen, Rotwein getrunken und Erinnerungen ausgetauscht. Sie können einander nach wie vor ganz gut leiden.

Man kann es spüren: Weizsäcker spricht, indem er über Brandt spricht, auch über sich selbst, über seine eigene Ethik und Moral. Für diese Rede, die anderntags in mehreren Zeitungen im Wortlaut abgedruckt wird, hat er sich Zeit genommen, Mühe gemacht. Vieles aus Brandts Reden und Büchern las er – zumal aus *Links und frei*, jener Biographie, in der Willy Brandt seine linkssozialistische Jugend, die Emigration, das Schicksal während der Hitler-Jahre schildert und die Rückkehr nach Deutschland.

Das war, in der Tat, nicht das Leben eines Weizsäcker, Sohnes aus prominenter deutscher Diplomatenfamilie. Daß es aber ein ebenbürtiges »deutsches Schicksal dieses Jahrhunderts« war – darauf nachdrücklich hinzuweisen ist Weizsäkkers Absicht gewesen. Der Präsident geht mit dieser Rede einen weiteren Schritt auf seinem Weg, auf dem jüngste deutsche Geschichte aufgearbeitet und eingeordnet werden soll. Deshalb unterstreicht er an mehr als einer Stelle, daß Brandt (»Sie waren schmähenden Angriffen ausgesetzt«) an vorderer Stelle zu dieser Geschichte zählt – und mit ihm alle, die zwischen 1933 und 1945 nicht zur schweigenden, folgsamen Mehrheit gehörten. Ganz schnörkellos, um so eindringlicher also, faßt dies Richard von Weizsäcker in Worte: »Es ist nicht mein Lebensweg, der mich besonders legitimierte, über den Ihrigen zu sprechen. Es ist aber die Sache meines Amtes und meines Herzens auszudrücken, warum Ihnen unser Volk Dank und hohe Achtung schuldet.«

Georg Leber ist unter den Gästen, einst Brandts Verkehrsminister. Ihm gehen die Worte, da, wo sie das schwierige Verhältnis des konservativen Deutschland zu Willy Brandt berühren, richtig unter die Haut. »Das hat«, meint er, »eine besondere Bedeutung; es hat etwas mit dem Zusammenführen dieser Gesellschaft zu tun. Immer noch. Und das bedarf immer noch der Pflege.«

Die politische Hierarchie gerät an diesem Wochenende immer wieder einmal aus den Fugen. Protokollarisch steht Frankreichs Mitterrand an der Spitze, politisch aber ist Ra-

Helmut Kohl, Oskar Lafontaine

kowski erste Wahl. Zum Essen hat man ihn neben den Kanzler gesetzt, der ihn schon beim Aperitif in eine Ecke zum Gespräch gezogen hatte. Ein mehrstündiges Gespräch führen die beiden am späten Freitagnachmittag. Abends speist Rakowski bei Genscher, samstags empfängt ihn Weizsäcker. Am Ende dieser Unterredung ist zwischen beiden klar, daß der deutsche Bundespräsident noch in diesem Jahr nach Polen fahren wird – an einem historischen und beladenen Tag, dem 1. September 1989, fünfzig Jahre nach Hitlers Überfall. Noch sind nicht sämtliche Bedingungen dafür erbracht, aber die Bonner Gespräche, so hört man am Sonntag, stehen günstig. Weizsäcker spricht von einem »wesentlichen Schritt nach vorn«, Genscher von einem »neuen Kapitel« in den Beziehungen, Kohl von seinem erklärten Ziel, Warschau noch dieses Jahr zu besuchen. Das wäre die Voraussetzung, die Weizsäcker meint, als er am Samstag, Rakowski verabschiedend, seine eigene Reise mit einem kleinen Vorbehalt versieht: »Der zweite Schritt«, sagt der Präsident mit einem leisen Lächeln, »sollte nicht vor dem ersten getan werden.«

Die Gästeliste zeichnet den Lebensweg nach

Von Peter Philipps

Nostalgie liegt wie ein Hauch in der Luft, durchzieht die Residenz des Bundespräsidenten in Bonn. Dort steht ein von Krankheit gezeichneter Bruno Kreisky, auf seinen Stock gestützt, erinnert sich an »Willy Brandt in seiner Jugend, die unsere gemeinsame war«; hier Holger Börner, der langjährige Freund, der sich mit tränenfeuchten Augen bereitwillig in die Vergangenheit entführen läßt.

Und doch ist diese ungewöhnliche Geburtstagsgesellschaft zugleich auch eine hochpolitische Veranstaltung, »Geburtstagspolitik«, wie Richard von Weizsäcker anmerkt. Rund hundert bilaterale politische Gespräche auf höchstem Niveau können sich aus dem Zusammentreffen entwickeln, machen unter anderem die deutsch-polnischen Beziehungen wieder flott.

Aber vor die Kaninchenkraftbrühe, den Steinbutt (mit Sauerampfer delikat mariniert), die gesottene Angus-Ochsenlende (mit Apfel-Meerrettichsauce) und den Orangensalat (mit Cointreau und Mangosorbet), vor den 85er Riesling »Würzburger Pfaffenberg«, den roten 85er »Neipperger Schloßberg« und den abschließenden Champagner, vor die Ansprachen und Toasts haben die Franzosen ihren Präsidenten gesetzt. Ludwig XIV. kam, so ist es überliefert, grundsätzlich eine halbe bis dreiviertel Stunde zu spät, damit er wirklich der letzte und damit bedeutendste Gast war. Warum soll François Mitterrand im zweihundertsten Jahr der Revolution mit dieser schönen Tradition brechen?

Richard von Weizsäcker stoppt nach einigen Minuten mit einem dezenten Lächeln im Mundwinkel die Hofhaltung des sozialistischen Sonnenkönigs ab, bittet zum Familienbild auf die Terrasse – dorthin, wo sich nach der Vereidigung üblicherweise das neue Kabinett mit dem Bundespräsidenten den Fotografen präsentiert. Was für ein Kabinett wäre dies hier!

Und plötzlich stimmt ein französischer Fotograf »Happy birthday« an, die ganze Pressetribüne singt mit. Ein gerührter Brandt, klatschende Polit-Prominenz – und der Präsident läßt den Berichterstattern Schnaps auf der Terrasse servieren.

Was drinnen serviert wird, ist erlesen. Doch von mindestens gleicher Qualität wie die angemietete Kochkunst ist die Plazierungs-Regie: Daß dem einen Haupttisch der Bundespräsident vorsitzt, um sich unter anderem Brandt, Mitterrand und Peres versammelt, ist nicht überraschend. Doch an dem zweiten Haupttisch – wenngleich ebenfalls rund – präsidiert ganz eindeutig Marianne von Weizsäcker, und ihr gegenüber sitzen Bundeskanzler Kohl und Oppositionsführer Vogel, getrennt nur durch den Polen Rakowski und den Schweden Carlsson.

Der Lebensweg Willy Brandts, er läßt sich auch an der Gästeliste nachzeichnen: Aus der Geburtsstadt Lübeck ist der politische Enkel Björn Engholm da. Aus der Zeit des Widerstandes während des Dritten Reichs sind nicht nur Mitstreiter wie Mitterrand und Kreisky gekommen, sondern auch die Tochter eines damaligen Kampfgenossen, Gro Harlem Brundtland. Jiri Hajek, ebenfalls schon in jenen dunklen Jahren im Einsatz und während des kurzen Prager Frühlings vor zwanzig Jahren Außenminister der CSSR, hat im Gegensatz

56

Mieczyslaw Rakowski, Helmut Kohl, Franz Vranitzky

Mieczyslaw Rakowski, Helmut Kohl

zu ihnen allen die Freiheit noch immer nicht errungen: Er konnte der Einladung nach Bonn nicht folgen, weil ihm seine Regierung die Reise nicht erlaubte.

Die Zeit als Berliner Regierender Bürgermeister ist präsent durch Altbischof Kurt Scharf (»der mir mit manchem mehr helfen konnte, als ihm bewußt gewesen sein mag«, wie Brandt später sagt), Shepard Stone und Egon Bahr. Die Große Koalition ist vertreten unter anderem durch Georg Leber und Hans Katzer, der am Tisch erzählt, wie ebendieses Bündnis auseinanderging: Der damalige Bundespräsident Heinemann hatte zum Abschiedsessen geladen, in dieselben Räume wie heute. Anschließend stimmte Herbert Wehner ein Lied auf seiner Mundharmonika an, und die ehemaligen Minister aus CDU und CSU verließen geschlossen das Palais.

»Rainer Barzel«, sagt Brandt da bei seiner in deutsch, französisch, englisch und norwegisch gehaltenen Dankesrede ins Mikrophon und macht eine lange Pause nach diesem Namen. Gespannte Stille. Ja, auch er ist unter den Gästen. Er, das »streitbare, auf seine Weise dem Ganzen verpflichtete Gegenüber« aus den ersten Jahren der sozial-liberalen Koalition. Mehr als ein Graben wird heute symbolisch geschlossen. Und Brandt zitiert aus dem Geburtstagsbrief des nicht anwesenden Helmut Schmidt, daß erst mit dem Wechsel 1969 »die Probe auf die volle Funktionstüchtigkeit der zweiten deutschen Demokratie gemacht und bestanden worden« sei. Nachdenklich sitzt Walter Scheel dabei.

Richard von Weizsäcker würdigt »einen der Unsrigen«, verschweigt nicht, daß gerade dieser »schmähenden Angriffen ausgesetzt« war. François Mitterrand spricht in seiner Rede an den Freund von Brandt als Symbol sowohl für die Wiederzusammenführung von West- und Osteuropa als auch für die westeuropäische Einigung. Mieczyslaw Rakowski erinnert an den Vertrag von Warschau, der »einen Schlußstrich setzen« und »eine Brücke schlagen« soll.

Ein gerührter Willy Brandt geht da ans Mikrophon, verschweigt nicht, daß vor allem das, was der Bundespräsident gesagt habe, »mir nahegegangen ist, mir auch gutgetan hat«. Aber er will es überspielen: »Falls ich nicht noch große Dummheiten mache, haben Sie für die Nekrologe gute Vorarbeit getan.«

Zu Rakowski gewandt sagt er, daß es »gut ist zu wissen, daß Mut und geistige Kraft in denen lebendig sind, die es auf sich genommen haben, das Werk des Ausgleichs voranzubringen«. Jeder weiß, um was es geht, erstmals unterbricht ihn Beifall.

Ein Fünfundsiebzigjähriger, dem am 18. Dezember zum Geburtstag schon andere Große der Welt von Gorbatschow bis Dubcek in persönlichen Briefen gratuliert haben, nimmt sich die Freiheit des Alters, den Gästen an diesem Tag noch etwas ins Stammbuch zu schreiben.

Wohl bewußt guckt er dabei nicht zu dem anderen runden Tisch mit Kohl und Vogel. »Wir haben nicht nur viel gestritten. Wir haben einiges geleistet« für diese Republik, »eine ganze Menge zustande gebracht«. Er wünsche sich, daß »die Nachfolgenden die Kraft zur gemeinsamen Verantwortung« aufbrächten und ihre Menschlichkeit weder unter Aktenbergen noch im Geschäftsgang verlorengehe.

Zweierlei Lebenswege

Richard von Weizsäckers Versuch
einer deutschen Versöhnung

Von Gunter Hofmann

»Es ist nicht mein Lebensweg, der mich besonders legitimierte, über den Ihrigen zu sprechen. Unter meinen Gästen sind viele alte Gefährten von Ihnen, die dazu ein besseres Recht hätten. Es ist aber die Sache meines Amtes und meines Herzens auszudrücken, warum Ihnen unser Volk Dank und hohe Achtung schuldet.«

Spätestens als Richard von Weizsäcker zu dieser Stelle seiner Laudatio auf Willy Brandt gekommen war, konnte bei dem internationalen Geburtstags-Mittagessen in der Villa Hammerschmidt jeder spüren, wie fern an diesem Tag alle Routine und Pflicht waren. Nichts war selbstverständlich, für Weizsäcker nicht, für den fünfundsiebzigjährigen Brandt nicht, dessen illusionsfreier fester Friedenswille, Mut und Humanität ihn »zu einer der großen Leitfiguren in der Welt nach dem Zweiten Weltkrieg« gemacht haben, wie der Bundespräsident fast provozierend unzweideutig formulierte. Und selbstverständlich ist das alles auch nicht in Deutschland.

Richard von Weizsäcker und Willy Brandt: Nach außen stehen sie gewiß beide für das »gute« Deutschland, nach innen ist Richard von Weizsäcker die allgemein respektierte Projektionsfigur. Willy Brandt dagegen ist noch immer ein Politiker, den viele ablehnen und an dem viele sich reiben, ohne sich wahrhaft über die Gründe Rechenschaft abzulegen. Sie könnten ins Grübeln kommen.

Weizsäcker kennt die Verhältnisse. Brandt bekam sie zu spüren. Gerade das aber hat die Geste des Bundespräsidenten zu einem Politikum gemacht, das in gewisser Weise beispiellos war: vierzig Gäste aus aller Welt – deswegen fanden nicht einmal die engsten Freunde Brandts allesamt Platz – in der Villa Hammerschmidt, um Brandt zu ehren.

Weizsäcker hatte nicht weniger im Sinn als den Versuch einer deutschen Versöhnung. Hier der Repräsentant einer hochgeschätzten Bürgerlichkeit, dort der Sozialdemokrat, der gerade vom Bürgertum »schmähenden Angriffen ausgesetzt« war – »und eine Elefantenhaut haben Sie nicht«, fügte Weizsäcker an.

Dennoch hat sich bei Weizsäcker und Brandt im Laufe der Jahre politisch Verbindendes herauskristallisiert. Ein solches Gemeinsames, wie differenziert man das auch bei näherem Hinsehen beschreiben müßte, bildet die Ostpolitik. Weizsäcker, der CDU-Politiker, der den Verträgen innerlich beipflichtete, aber sich nur im Falle Polens zum »Ja« durchrang, relativierte diese Politik Brandts nicht mit einem einzigen Wörtchen. Beides, West- wie Ostpolitik, bilanzierte er, sei »ein zusammengehörendes Ganzes geworden, das seither nicht mehr ernsthaft umstritten ist – ein kostbares Allgemeingut«. Sosehr Helmut Kohls Regierung sich auch pragmatisch bemühte, an die Ostpolitik anzuknüpfen, so wenig wagte sie es, das so offen auszusprechen wie Weizsäcker jetzt.

Gegen politische Vorbehalte und Undeutlichkeiten schafft Weizsäcker Klarheit. Auch der Schlußstrich, den er unter die »würdige und heilsame« Auseinandersetzung um die Ostpolitik zog, endlich, diente der inneren Versöhnung.

Das war an der Zeit. Weit schwieriger, aber auch reizvoller

und bedeutsamer für Richard von Weizsäcker dürfte die Überlegung gewesen sein, eine andere »Versöhnung« zu illustrieren, die zwischen Bürgertum und Sozialdemokratie.

Vor einem Teil des deutschen Bürgertums und der deutschen Elite war der junge Sozialist Willy Brandt im Jahre 1933 nach Norwegen geflüchtet. Bei aller Abgeklärtheit eines langen Lebens bleiben diese Erfahrungen für Brandt immer gegenwärtig. Das geht bis hin zur Verachtung für diejenigen, die Hitler als Partner gegen die »Sozis« oder Kommunisten willkommen hießen.

Brandt liest mithin, da kann man sicher sein, ganz genau, ob beispielsweise in der Rede Weizsäckers vom 8. Mai 1985 die Sozialdemokraten als Opfer der Nazis neben all den anderen bei Namen genannt werden; und er fragt sich, warum ausgerechnet sie fehlten. Brandt denkt wohl auch darüber nach, ob nicht bereits der Präsident Gustav Heinemann vieles von dem gesagt, ja sogar deutlicher formuliert hatte, was Richard von Weizsäcker später aussprach. Aber andererseits hadert er nicht gern um Petitessen. Einen Präsidenten, der das richtige Wort zur richtigen Zeit findet und dafür sorgt, daß man sich als Deutscher in der Weltöffentlichkeit nicht genieren muß, den kann man doch nur unterstützen.

Weizsäcker und Brandt: Das sind zweierlei Lebenswege in Deutschland. Weizsäcker ist 1920 in einem Seitenflügel des Stuttgarter Schlosses zur Welt gekommen. Als er studiert, ist Brandt bereits emigriert. Brandt hofft auf Hitlers Niederlage, während Weizsäckers Vater sich dem »Dienst am Ganzen« in Ribbentrops Außenministerium verschreibt, irgendwo zwischen Mitmachen, Das-Schlimmste-verhüten-Wollen und dezenter Opposition. Richard von Weizsäcker und sein Bruder machen den Einmarsch in Polen am 1. September 1939 mit, am Tag darauf fällt der Bruder. Später kommt Weizsäcker mit

Jacques Delors, Hans-Dietrich Genscher (im Hintergrund
Mieczyslaw Rakowski, Helmut Kohl)

dem Widerstand im Berührung, er sieht und hört viel, was ihn prägt, aber er hält sich zurück.

Willy Brandt dagegen, von den Deutschen ausgebürgert, beantragt zu diesem Zeitpunkt gerade die norwegische Staatsbürgerschaft. In Oslo arbeitet er als Journalist für das *Arbeiderbladet*. Immer noch hofft er, dies sei vielleicht nicht der Anfang des großes Krieges, immer noch hält er den raschen Sieg über Hitler für möglich.

In seinem preußischen Eliteregiment entdeckt Richard von Weizsäcker auch im Rückblick noch einen »Grundbestand an Vernunft und Moral«, der die Abneigung gegen Hitler wachsen läßt. Brandt wiederum hat nicht Preußen, er hat auch nicht Preußisches im Herzen, sondern immer noch die »Idee einer klassenlosen Gesellschaft als Kern allen sozialistischen Strebens«. Welten liegen dazwischen.

Bei den Nürnberger Kriegsverbrecherprozessen assistiert Richard von Weizsäcker dem Verteidiger seines Vaters, der von sich gesagt hatte, er habe »viel gewußt, manches geahnt, vieles aber weder gewußt noch geahnt, noch auch für möglich gehalten«. Brandt beobachtet den Prozeß für skandinavische Zeitungen.

Er nimmt nicht die Pose des Anklägers ein, spricht nicht von Kollektivschuld. Er plädiert für einen Neubeginn, ohne den Deutschen Unmögliches abzuverlangen. So unterschiedlich die Lebenswege sind, in solchen Urteilen und Folgerungen nähern Weizsäcker und Brandt sich einander an.

Mag sein, daß Weizsäcker und Brandt, die sich lange fremd blieben, sich inzwischen persönlich gut verstehen. Wenn Weizsäcker rühmt, Brandt sei es gelungen, in seiner Person »die Spannung zwischen Macht und Moral« aufzuheben, spricht er vermutlich auch von seinem Selbstverständnis. Auch er möchte das. Und beide zugleich sind jenseits der

Klischees, die es von ihnen gibt, Machtpolitiker, die sich auskennen in den Tücken ihres Gewerbes.

Beide sind oder waren engagierte Parteipolitiker, der eine in der CDU, der andere an der Spitze der SPD. Aber beide vermochten auch stets, sich mit Ironie (da oder dort auch Hochmut) oder Lebenslust bei der Arbeit über die Schulter zu sehen. Brandt, der Bürde des SPD-Vorsitzes ledig, fühlt sich freier denn je. Weizsäcker nimmt sich im Amt die Freiheit, die er als Parteipolitiker so nicht empfand.

Sie sind beide Konsenspolitiker aus unterschiedlichen Gründen. Konflikt ja, aber in Grenzen. Schon als Beobachter in Nürnberg sinnierte der optimistische Zweifler Brandt, vielleicht sei Gemeinsamkeit in der Not »nicht der schlechteste Nährboden eines neuen Patriotismus«. Trotz der nationalistischen Vergewaltigung von Patriotismus und obwohl es »kein Wort aus unserer Zeit« sei, redet Richard von Weizsäcker unbefangen von einem notwendigen Verfassungspatriotismus der Deutschen. War das Wort, das Weizsäcker aufgreift, nicht Brandts politische Handlungsmaxime?

Wo Weizsäcker Solidarität aus protestantischen Überzeugungen predigt, ist der Begriff für Brandt mit der Geschichte der Arbeiterbewegung gesättigt. Der eine steht vielleicht mehr für eine Demokratie von oben, die »gewährt« und die auf die Elite der Vernünftigen und Kompetenten baut. Der andere steht eher für eine Demokratie von unten, für die Gleichheit ein existentielles Verlangen ist. Während der eine die Sprachen an Europas feinsten Universitäten erlernte, studierte sie der andere im Exil. Aber in der Villa Hammerschmidt macht das keinen sichtbaren Unterschied, da sind die Politiker jenseits des deutschen Provinzialismus, die erfahren und klug mit François Mitterrand, Mieczyslaw Rakowski, Bruno Kreisky oder Shimon Peres parlieren.

Mieczyslaw Rakowski, Björn Engholm

Holger Börner, Björn Engholm, Hans-Dietrich Genscher

Als Weizsäcker Brandt lobend bescheinigte, ein eigenwilliger und nachdenklicher Einzelgänger zu sein, der »nicht den Entscheidungshelden spielte« und Irrtümer eingestand, da meinte man, im Lob für Brandt auch eine Selbstcharakteristik herauszuhören.

Aber dennoch: Es ist gerade das Unterschiedliche der beiden, das Aufmerksamkeit verdient und fesselt. In Erinnerung wird eine solche Geste gerade deswegen bleiben, weil beide, Gastgeber und Geehrter, auf intakte Formen der Demokratie Wert legen. Beide verstehen sich als Gestalten der demokratischen Öffentlichkeit. Dazu gehört dann allerdings auch, daß – zum Beispiel – der Kanzler mitmacht. Helmut Kohl nahm auch an der Feier teil, es ist ihm anzurechnen.

Der Großbürger und das Arbeiterkind – Fundamente von zweierlei Lebenswegen. Aber beide stehen für mehr. Der eine zählte zur besiegten deutschen Mehrheit, der andere zur Minderheit im Exil. Weizsäckers Eigenart ist es, mit der deutschen Vergangenheit auf eine Weise umzugehen, die im Ausland geachtet wird und ihm Vergleiche mit Brandt einträgt. »Der Vergleich ehrt mich«, reagierte Richard von Weizsäcker darauf in Ungarn.

Weizsäcker spricht relativ offen und deutlich, wo es um Schuld und deutsches Versagen geht. Brandt drückt sich in diesem Zusammenhang vergleichsweise milde und vorsichtig aus. So nähern sie sich. Von Weizsäcker fühlen sich viele entlastet, er muß sich dazu nicht verbiegen. Von Brandt, dem Emigranten, empfanden viele sich als belastet und entlastet zugleich. Damit sind nicht alle fertig geworden.

Richard von Weizsäcker weiß das, er wollte etwas wiedergutmachen mit seiner Idee zu der Veranstaltung in der Villa des Präsidenten. Bürgerlichkeit im besten Sinne war das: Das kleine Bild einer zivilisierten Gesellschaft, wie sie nicht Alltag ist in einer Republik, die sich recht gerne beweihräuchert. Auf dieser Basis kann man dann auch ruhig über Differenzen reden. Zum Beispiel wüßte man gerne, was Willy Brandt von der Überlegung Richard von Weizsäckers hält, am 1. September die Westerplatte zu besuchen, wo dieser als junger Offizier vor fünfzig Jahren lag. Die Gefahr ist groß, daß ein ungewollt falsches Symbol der Versöhnung daraus werden könnte, nach Brandts unvergänglichem Kniefall in Warschau.

Die Idee wird wohl auch so nicht verwirklicht, selbst wenn es zu dem Besuch des Präsidenten in Polen kommt. Nur: Richard von Weizsäckers stillen Wunsch kann man verstehen. Er macht eben deutlich, was das Leben des Präsidenten und des Kanzlers a. D. dauerhaft trennt und dennoch gemeinsam bindet.

Willy Brandt, Kalevi Sorsa, Shimon Peres, Helmut Kohl

1. Reihe: Marianne von Weizsäcker, François Mitterrand, Brigitte und Willy Brandt, Richard von Weizsäcker, Mario Soares, Shimon Peres; 2. Reihe von links: Helmut Kohl, Gro Harlem Brundtland, Mieczysław Rakowski, Franz Vranitzky, Kalevi Sorsa, Hans-Dietrich Genscher; 3. Reihe von links: Johannes Rau, Layachi Yaker, Jaques Delors, Hans-Jochen Vogel, Shridat Ramphal, Allan Boesak, Georg Leber, Rainer Barzel; hinten von links: Björn Engholm, Peter Glotz, Holger Börner, Ingvar Carlsson, Shepard Stone, Walter Scheel, Oskar Lafontaine, Bruno Kreisky, Carlos Andres Perez, Ernst Breit, Karel van Miert, Kurt Scharf, Egon Bahr, Valentin Falin, Basil Mathiopoulos, Hans Katzer

Mittagessen des Bundespräsidenten
am 20. Januar 1989 aus Anlaß des
75. Geburtstages von Willy Brandt

Gästeliste

Bundesminister a. D.
EGON BAHR

Bundestagspräsident a. D.
DR. RAINER BARZEL

Ministerpräsident a. D.
HOLGER BÖRNER

Präsident des Reformierten Weltbundes
REVEREND D. ALLAN BOESAK

Vorsitzender des Deutschen Gewerkschaftsbundes
ERNST BREIT

Ministerpräsidentin des Königreichs Norwegen
I. E. GRO HARLEM BRUNDTLAND

Ministerpräsident des Königreichs Schweden
S. E. INGVAR CARLSSON

Präsident der Kommission der Europäischen Gemeinschaft
S. E. Jacques Delors

Ministerpräsident des Landes Schleswig-Holstein
Björn Engholm

Leiter der ZK-Abteilung für internationale
Fragen der KPdSU
Dr. sc. Valentin Michailowitsch Falin

Bundesminister des Auswärtigen
Dr. h.c. Hans-Dietrich Genscher

SPD-Bezirk Südbayern
Dr. Peter Glotz

Außenminister a. D.
Jiri Hajek
(konnte nicht teilnehmen, weil ihm die
Ausreisegenehmigung nicht erteilt wurde)

Bundesminister a. D.
Hans Katzer

Bundeskanzler
Dr. Helmut Kohl

Bundeskanzler a. D.
Dr. Bruno Kreisky

Ministerpräsident des Saarlands
Oskar Lafontaine

Bundesminister a. D.
DR. H.C. GEORG LEBER

DR. BASIL MATHIOPOULOS

Mitglied der Europäischen Kommission, Belgien
KAREL VAN MIERT

Präsident der Französischen Republik
S. E. FRANÇOIS MITTERRAND

Finanzminister und Vizepremier des Staates Israel
SHIMON PERES

Präsident der Republik Venezuela
S. E. CARLOS ANDRES PEREZ

Vorsitzender des Ministerrates der Volksrepublik Polen
S. E. DR. MIECZYSLAW RAKOWSKI

Generalsekretär des Commonwealth
SHRIDAT RAMPHAL

Ministerpräsident des Landes Nordrhein-Westfalen
JOHANNES RAU

Bischof i. R.
KURT SCHARF, DD

Bundespräsident a. D.
DR. H.C. WALTER SCHEEL

Präsident der Portugiesischen Republik
S. E. Dr. Mario Alberto Nobre Lopes Soares

Außenminister der Republik Finnland
S. E. Kalevi Sorsa

Aspen-Institut, Colorado, USA
Shepard Stone

Vorsitzender der SPD
Dr. Hans-Jochen Vogel

Bundeskanzler der Republik Österreich
Dr. Franz Vranitzky

Botschafter der Volksrepublik Algerien
S. E. Layachi Yaker

Die folgenden Aufsätze
wurden mit freundlicher Genehmigung
der genannten Zeitungen abgedruckt:
S. 47 Süddeutsche Zeitung
S. 55 Die Welt
S. 61 Die Zeit

Bildnachweis:
Photo-Report, Bonn 1, 3–5, 7, 10, 12–16,
J. H. Darchinger, Bonn 2, 6, 8, 9, 11, 17–26

Inhalt

Willy Brandts Leben ist *»ein deutsches Schicksal dieses Jahrhunderts. Ein Leben voller Risiken der Existenz, geprägt von gutem Gelingen, harten Rückschlägen und neuen Ufern.«*   (Richard von Weizsäcker)

Nun liegen Willy Brandts lange erwarteten Erinnerungen vor: Manches, was bisher als unumstößlich richtig gegolten hat, wird neu bedacht werden müssen. Und vieles, was bisher nicht bekannt war, wird nun offenbar. Ein Politiker und Staatsmann, der — wie nur wenige — das politische Klima in unserem Land geprägt hat, zieht Bilanz: analytisch scharf in der Sache, offen und fair. Die Erinnerungen eines großen Deutschen, der sich um dieses Land verdient gemacht hat.

512 Seiten, 56 Abbildungen, Leinen

Propyläen